edition heusteig

wolfgang haenle

morgen früh kaufen wir
das haus den fischen ab

gedichte

edition heusteig

Bibliografische Information der Deutschen Nationalbibliothek: Die Deutsche Nationalbibliothek verzeichnet diese Publikation in der Deutschen Nationalbibliografie; detaillierte bibliografische Daten sind im Internet über https://dnb.dnb.de abrufbar.

Die automatische Analyse des Werks, um daraus Informationen insbesondere über Muster, Trends und Korrelationen gemäß §44b UrhG („Text und Data Mining") zu gewinnen, ist untersagt.

Titel-Grafik: Wolfgang Haenle nach einem eigenen Foto

Verlag: BoD · Books on Demand GmbH, In de Tarpen 42, 22848 Norderstedt

Druck: Libri Plureos GmbH, Friedensallee 273, 22763 Hamburg

ISBN: 978-3-7597-9386-7

Neue Wege entstehen, indem wir sie gehen.

Franz Kafka

ein ausgekratztes land stürzt sich ins meer

finistère

in blau getaucht. bretonisch der sternenwurf
springt über den roten tanker zur wellenzucht
ein letzter kopf ziert den algenpass. zeterndes palaver
im felsenschiff. betonknochen. die schatten von jägern

der flutstreifen. am ende des bildes peitscht der sommer
den bug eines kutters. la falaise. der absturz schlechthin
jeder spalt ein geburtskanal. kolonien von höhlenbrütern

ein ausgekratztes land stürzt sich ins meer
das letzte riff. eine bastion ertrunkener bärte
alle sechs stunden entblößt sich die sandbarre

für mantelmöwen. im schnabelgriff verlorene krebse
wasser wird himmel. verwischt die verirrten
beim leuchtturm. der wärter. das licht desertiert
totengesichter in moll. versunkene vergangenheit

ys

von der tide im stich gelassen die sandburg
mit seetang behängt ein grüner morgen
dein abschiedsbrief aus der verwunschenen bucht
ich vermag ihn nicht zu entziffern
du schwimmst längst im versunkenen fluss
verbringst den vormittag dort unten mit jungfern

nachmittags immer noch die leergelaufene fußspur
schrundig deine schuppigen sohlen
eine abgerissene kante. die unscharfe körnung
sandflöhe halten sich fest wie an kratern
dazwischen balgen verirrte seehunde
mehrmals am tag mit dir und dem schlick

abends tanzt du draußen auf einem kamm. dahut
tochter von gradlon. komm aus dem wasser
ruft es dir zu. schaumkronen balzen mit dir
lichtspiegel. verhöhnen den wind. das signal
eine sirene. die fischer sind gewarnt
dein ritter kurz nach dem überbringen. erwürgt

papillon

unsere orte. zwischen raguénez und
plage de la source. an der einsamkeit entlang
fliegen. werben wir um diesen mai

verpuppen uns im stechginster
fressen bis uns die schale birst
wissen nicht um flugangst und hormone

eine salzwiese verführt uns mit hagrosen
unkraut zwischen den hecken. überall chaos
und wir mitten drin protegieren vermehrung

tauchen unsere rüssel ein. zeugen
falter in ritzen und schrammen
saugen den frühling aus den felsen

meer dazwischen

auf dem wasser schaukelt die überfahrt ihre nacht aus
jeden morgen eine andere insel. gottverlassen. nichts als
vergangenheit wartet auf madame. ein lächeln bleibt
ihr einziger fang. im schlepptau zoten trockener fischer

bis sie vom leder zieht. ein friedhof leer gelaufen
ein nackter ozean. alle schwärme an sushimatten verloren
wie die gelbe haut der alten schuppen im letzten eis
erniedrigt flieht die kirchglocke in die mittagspause

bis zu den zehen

ozeane. windspiele in unseren ohren
doppelbindung. wir reiben uns
am blanken meer. jedenfalls bis zu den füßen
küsse in trippelschritten. zungeneinschläge
den strand entlang im wellensaum
wenn das wasser höher steigt
wird es ein kleiderbad geben

wolken. zum horizont aufgebrochen
die wanderdüne rippelt sich. eine hochburg
im sandtal ein badetuch und die scham
reichlich gezirpe. geraschele. geschmatze
eigengewächse. schon immer pflanzen
wir alles in uns fort
besonders an warmen tagen

pen hir

ins meer gerittene felsen
pen glas. ar froc'h. bern id
les tas de pois. vom zyklopen
den wellen nachgeworfen
in den westwind. seine scharfe zunge
bläst dieses kleid zum lichtschnitt
die klippen schweigen

das meer sperrt sein maul auf
für eine gruppe junger burschen
ihre bunten helme seilen sich ab
lange hängt einer auge in auge mit der wand
aufgebrochene möweneier. ruft es über ihm
ein anderer zappelt wie ein kind im seilschling
in der klippe bröckeln die worte

île de molène

böen torkeln über die mole. der atlantik macht druck
eine insel duckt sich. du weichst aus. gehst nach links
in ein restaurant mit café au lait. der wirt trocknet gläser
vom letzten calvados. fotos. bretonischer jazz am flügel

du hörst ihn spielen. im ohr klappern die teller
les bretons unter sich. die stummen tischdecken
keiner hat geburtstag. eine beerdigung hätte kuchen spendiert
dein schokoriegel. er fühlt sich an wie glück. ohne orkan

enge gassen meiden den wind. der regen ist ausgesperrt
auf der wäscheleine baumeln hosenbeine für ein luftkissen
nackenrollen suchen den meerblick. blaue fensterläden
zum licht hin gemalt. die großmutter auf einer steinbank

wie ein findling ein menhir am ufer. es winkt keiner
ihrer söhne vom festland. ein mastenartist hampelt mit
den datensammlern hinauf zur antenne. tanz mit
hier ruft keiner mehr. ein dieselkraftwerk verschmäht

sonne und wind bleiben ungenutzt. die halstücher
wedeln das frühjahr herbei. la rose des vents
leuchtturm des westwinds. le brisant unter der ebbe
der eintritt zum nassen tod der trawler und fischer

am campingplatz beginnt der inselwildwuchs. terrain
für einen wiesentrimmer. der pfad für dich gemacht
zum auftrieb der silbermöwen. sie gleiten in schichten
über der kante im luftstand. du applaudierst mit den augen

nahe am ufer graben studenten. ihre hände suchen
eine vergangenheit. kelten in scherben. bunte fähnchen
ein vermessener standpunkt zentimetergenau
im schubkarren warten fünf baguettes samt coladosen

der wilde raps bildet ein spalier für den spaziergänger
distelfalter halten hier ihre treffen ab. freiheit im atlantik
gepunkteter flügeltanz. ein orkan könnte geboren werden
ein chaos. du hascht blind nach der sonne

am wegrand zwei blutströpfchen. ballett
am halm. ihre fühler küssen sich. bald
kopulieren sie wieder. sechspunkt widderchen
dieser mai gebiert stängel und gespinste

draußen zwischen felsen. ein garten. leuchttürme
umzingeln die insel. reichen ihre lichtkegel deinen augen
der nebel kommt oft. plötzlich haufenweise untiefen
dazwischen jazzsuiten. strandflügel. didier squiban

einige fischer bleiben dem hafen. fast verloren. netze
pausenebbe. brüchiges schweigen. ein boot sonnt sich
gestelzt vom holzbock. der farbroller nimmt keine notiz
mit der flut gleitet der anstrich die dünung hinaus

stecknadeln im wellenbad. rot und grün
les trois pierres. die einfahrt ist schmal
die mole wehrt sich gegen brecher. vergeblich
zerren heute müllcontainer am verladebaum

das postschiff macht fest für dich. briefe
ein grabstein am haken. das festland liefert
am abend fahren viele zurück. zehn touristen
der diesel tuckert. ein paar tränen trotzen dem wind

île callot

ein desertiertes meer vor carantec
sechs stunden geselliger grund
schlickbetatscht noch la route hant karr
la passe aux moutons schon aufgetragen
das bretonische minarett überragt alles
weiß gott wer sich das ausgedacht

für die napfschnecke zählen jetzt pfützen
die miesmuschel lässt wieder nicht los
wie dicht der kanal sich zur sandbank legt
heute nacht sind alle von der flut überwältigt
morgen früh kaufen wir das haus
den fischen ab. pêche à pied

île de l'aber I

nah beim gegenlicht das duell:
ein fort kämpft mit stechginster
heckenrosen und margeriten
alles drängt zum licht. die häfen anderswo
wo sie sich verdienen. viel lärm um ein paar riffe
eine bank miesmuscheln über der ebbe
ein paar meter vom festland die ferne
mittagsluft trägt schwer an dieser insel

île de l'aber II

dein traumhaus versetzt du an die klippe
legst es an die felskette. le sentier
zählt die windflüchter. einige kiefern
spielen für dich. der salzluft ergebene harfen

ein hüftschwung der kreidefelsen
in der macchia dreht sich der reigen aus gespinsten
in der nächsten bucht ist der sand
allein mit dem wind und noch weißer

kerloc´h

unter efeu halb blind moules et crêpes
im windmorschen stall wacht
der kettenhund auf dem rücken
als sonnen den westwind fluten

strahlen ganz nah la force de frappe
hinter doppelten zäunen
patrouilliert ein erstes heidekraut
felsentürme von ginster besetzt

der weißen bucht ist alles einerlei
wenn nur ein bikini badet
tief grün im postkartenmeer
längst abgetaucht le terrible

l'aber 121

drüben im camping trinken sie den vatertag aus flaschen
der nachbar ringt mit dem grün um einen schauer
sein rasenmäher köpft hasenklee samt gänseblümchen

im strandhain lobt ein kuckuck sein revier aus
die elster flattert zum bettelflug auf wie jeden tag
entdeckt den blechstern im geocache nest

bei der flutmühle am ertrunkenen fluss
fischt ein silberreiher gegen alle regeln
wir haben ihn lange nicht am priel gesehen

die laubfrösche ziehen ins hinterland
weil ihnen die fliegen zu salzig werden
nur strandflöhe schauen häufig hier vorbei

weiter vorne haust eine steinalte keltin
säugt den fluss leer dicht unter dem ufer
ihr westwind legt schuppen auf unsere sandbank

heute nacht tanzt der halbmond mit einem bären
die milchstraße entblößt den himmel über uns
am first schmecken wir das meer in der luke

pieds dans l'eau

die joggerin verwischt mir das bild
regentropfen als wimperntusche
schrittweise pfützenapplaus
diese szene zieht verlangen in den mund

du tauschst herzmuscheln mit mir
für eine nasse strandparty
zu kalt für den blauen bikini
meer und land in gummistiefeln

ortstermin

eine letzte rate. muschelessen
im strandcafé am ende der welt
wieder dein lächeln. der hund
zieht das meer hinter sich her
sein herrchen kniet auf dem surfbrett
diese bucht holt luft für jeden

für töchter. söhne. einer kocht
artischocken. für einen dip
nach dem boule. formidable
der crémant und die gebackene auster
du holst dir die bilder zurück
auf dem heimweg bleibt alles still
in deinen augen mutterworte

zwei koffer

aluminiumkoffer. zwei davon. mit beschlägen
eine beule an der linken oberen ecke. klappverschlüsse
im schreibtisch ein schlüsselversteck. fotografien
eine bootsfahrt. lorient. nicht meine mutter

verstreute noten. la valse musette. ein album. die großeltern
im strandbad auf rügen. posieren zur freikörperkultur
ein paar briefe. der freund. kriegskameraden. lachen

die schlüssel des anderen verbogen. eine uniformjacke
die wiegt. zwei orden. ein soldbuch. keine liebesbriefe
eine geburtsurkunde. der vater gottgläubig
die mutter französin. ihre augen wie meine

neben den koffern ein akkordeon. ich sah ihn nie spielen
ein foto signiert. josephine baker im bananenröckchen
eine schellackplatte. 78 umdrehungen. j'ai deux amours

appell

madame es hat gebimmelt. ihr weckruf
stehn sie auf. eine sms verlangt dass sie
den weg nach lembach nehmen
hinauf den kahlgeschorenen hügel der
nach dem frost auf zeichen wartet damit
die ersten gräser sprießen können. löwenzahn

drüben über den eichwald zur lichtung
hinab ins feuchte tal zum nächsten bunker
eine wanderung entlang der linie maginot
das smartphone weiß wo ihr großvater aus quimper
auf der lauer lag im wald und seine
wache schob. heute kennen sie alleine

die parole. der märz kurz nach dem letzten schnee
madame. es ist die erste. beste gelegenheit für diese
excursion. das land ist frisch und gar nicht
müde wie im herbst. madame. nun stehn sie bitte auf
es geht schon gegen mittag. vorhänge verdunkeln
die erinnerung. das schadet ihrer zarten haut

ihr großvater will nicht dass falten aschgrau sie verderben
teuerste madame. die last kann ihnen ein blonder
junge nehmen. der fremdenführer wartet unten

déminage

hier treffen wir den vater wieder. gestern
die befreite sandspur. heute ein verlorener strand
hundert meter brandung. die westdrift abgesperrt
plastikzäune. ein räumdienst gräbt in folianten

sie sind erinnerlich. seine wachen tage. unterstand
beim kartenspiel verwaiste nächte. das fernglas
feldpost. eine hand am funkgerät. im moder
ein dekorierter kamerad. stiefel. hacken. knallen

es zuckt im sand. ein partisan. ein liebespaar
die mine explodiert ins ende dieses feiertags
wir suchen einen milden flecken in der nächsten bucht
nur vater duckt sich noch einmal ins gefecht

le bunker

hinter den betonschlitzen
verliert vaters fernglas das meer
seine einsamkeit lässt wellenkämme
stramm stehen. calvados hilft gegen kälte
gegen die angst kämpft auch maquis

morgen feiern veteranen den achten mai
vater begeht seinen neunzigsten
und wir würdigen die römischen verträge

le cimetière de bateaux en camaret sur mer

zwischen tauen ein meer. leergesaugt
von der mole bewacht. mit schlick besetzt kiesel
ein fischkutter wirkt bleich in seinem gerippe
im schlepptau der festgefressenen schraube
weint das ruder rostige tränen

die letzte möwe wartet auf einen fang
verhöhnt die fischermütze von oben herab
am tresen ballt sich vergangenheit
der calvados hat den apfelbaum verlassen
und im vorgarten blüht längst wieder macchia

versöhnung im bistro

pastis im wasserglas. die milch der alten männer
im palaver. vom aperitif nicht eingelöste illusionen
flüchtig ihre jugend im rückwärtsgang. was treibt
den frühling an. verkleidung. sommersprossen. nichts

als ein augenaufschlag. kitzelt den rand ihrer gläser
eine alte mütze schlürft erinnerung. salzig. bitter
der blick zu den festgenagelten köpfen der toten
helden in schwarzweiß. leuchtfeuerhengste. pathos

am grab eines unbekannten. ihr größter triumph
champagner und kölsch. das perlen ihrer lippen
das streiten hat ein ende. die herde frisst die weiße fahne

verheißung für einen unscheinbaren handschlag
ein zuckerguss auf den hüften ihrer ehefrau. die alten
männer schwärmen vom mardi gras. funkenmariechen

la vague bleue I

der vormittag scheint lang. auf gestellen kistengräber
artenschutz. in einer schaumbox krabbeln krustentiere
langoustines vivantes. wuseln als knopfaugen und fühler

der falsche ort. tote stellen sich nicht aus. kochtopf
oder pfanne. einige versuchen dem tod davonzulaufen
am nachbarstand zischen leiber. eine handvoll für die friteuse

die dorade hofft auf den gourmet. schuppenkleid goldbesetzt
für ein menu herausgeputzt. beurre blanc. glasiert
mit einem hauch knoblauch klagt sie ihr totenlied

der kabeljaurücken wirkt steif. ewiges liegen in der kühlbox
zerstoßenes eis macht den teint vornehm. schwanzflosse
steht still wenn man sie hochhält. silhouette prall im schatten

hummerscheren in gummibändern. zugriff verboten
sich noch einmal feilbieten für eine perle. das wäre ein fest
statt dessen warten sie im bassin. aufs französische dampfbad

kurz nach zwölf sind alle wieder im kühlhaus. brauchen ruhe
die marktfrau liebt galette bretonne mit ziegenkäse. scarole
ihr mann kommt um eins. nimmt eine handvoll aus der friteuse

la vague bleue II

noch liegen sie beieinander übereinander
fischleiber im totenkleid. künstliches eis
ein kreidebleiches schild am kopfende
name. herkunft. geburtsdatum unbekannt

ein merlan steht aufrecht im wind
eine pure länge in der hand von madame
noch einmal dieser stolz. ein zarter glanz
vor wochen noch ein rendezvous
ein abendessen

sie haben eine gute wahl getroffen
auf der waage wartet ein stück ölpapier
une autre. antwortet der fisch. nehmen sie
auch meine bessere hälfte
das zarte fleisch in salzluft eingelegt
vereint die beiden
für stunden eingerollt in eine plastiktüte
verschlossen mit ihrem lächeln
madame trägt einen eisbeutel in der tasche

presqu`île de crozon

natürlich kochen wir coquilles im feuer
zwischen spitzem möwengezänk eine prise gift
die schalen hüpfen mit den schnabelhieben
unter dem schleim schlummert muschelkalk

ein paar felsen greifen nach dem meerhimmel
die regenseite pellt die tage aus
bis der wind sich zu den fischen legt
und sich die sonne mit dem meer einlässt

es ist noch nicht vorbei. drüben am anderen ufer
auf dem alten seeweg ein paar weltsichten westwärts
dampft eine küste hinter den fliegenden delphinen
in der sabbernden schwüle. eine frische liebe. montauk

pointe de morgat

pfingsten. der leuchtturmwärter knipst das feuer aus
stellt den lichtwind ab. sein ton verstummt. das meer
geifert in der sardinenbucht. haufenweise malen segel sich
ins blaue. fähnchen. schüchtern die trikoloren. mächtig weiß

und schwarz gwenn-ha-du. stakt durch den kiefernwald
mit schwerem schuhwerk auf adeligem granit. ein krummer
zapfenpfad hinauf zum denkmal. in grünen laken. ein kreuz
im wald. drei söhne gefallen. geschichte im relief

das meer ist voller trolle. elfen. in den grotten
sirrt der atem der sirenen. verirrt sich in den wänden
ihr lachen höhnisch. der alte träumer hört es nicht

selbst als der berg den schaumbauch öffnet. gischt
in den teufelskamin schießt und ihn flutet
ist da nur der regenbogen als der himmel bricht

le grand café de la terrasse

in der tüte überstunden. verstohlen zwei dessous
sie kennt den kollektiven schwindel. männeraugen
wenn eine geliebte kommt ist der appetit verloren
auf der speisekarte das tagesgericht hunger

das linke tischbein kaut gratiniertes kaninchen
das rechte schlürft austern. die zitrone zieht sich zurück
am fenster fechten langusten den kampf mit den frites
ein champagnerwalzer bittet die geliebte zum perltanz

blé-noir quillt dem patron zwischen den lippen hervor
a tempo schäumt crémant die mundhöhle sauber
am dreiertisch verteilt eine pizza zwei kinderlächeln
die geliebte wählt hasenlende ohne gratin

von der terrasse brüllt eine pfirsichhaut calvas
es gibt keinen gefälschten garçon könnte man meinen
der café léger verpasst wieder den einsatz
zum dessert sagt ein kenner: zwei dessous. bitte

draußen zappelt das pflaster

parenzana

an jenem ort bei den protzigen trauben
auf dem weg zum altersheim
mit dem fernglas die festung hergeholt
das verschachtelte gemäuer
ein rabenschwarzes loch auf dem weg
nimm die taschenlampe. es tropft
die wände kühl wie malvasia im glas
im hof tanzen weißhaarige den kolo
einer der sich an nichts mehr erinnert
gibt den takt vor. gott sei dank die hölle ist kurz
radler sehen nichts als schwellensplitt
da war einmal eine schmalspurlok beim rüsseln
in einem auge die konoba. im anderen
kohle schaufeln. der abend lässt dampf ab

maria himmelfahrt

mitten im gespaltenen stamm trifft sonnenlicht
das antlitz unserer lieben frau. die eiche. ihre hieroglyphen
pilger lassen sich nie aufhalten wenn ein mirakel winkt
ein graf. ein mönch. die großen götter und eine jungfrau

in einem triptychon. die dornenkrone. ein rosenkranz. vater-
unser. im zauberkraut des klosters ertrinkt jede lähmung
bis die protestanten das jahrhundert gründlich versauen

blasser blicken fortan die sandsteinquader. verschleppt
das votivbild und alle götzen. die schlösser aufgebrochen
nur diese eiche harrt aus wie festgezurrt und des pilgerns ist

kein ende. wir treffen einen bettler der einen ohne beine trägt
ein ringelreihen im pfennigkraut unweit der ikonenmutter
ihr heiligenschein ruht auf starken armen und nickt immerzu
als wir die lichtung betreten schreiten beide helden gleich

nordwand

die rotweißroten zeichen sind verblasst
im winterkoma. die erste sonne malt nichts neu
mager das gestein. aber den steig läufst du
im schlaf. das tal bleibt im grauen brei. wallfahrt

eine glocke als wegzeichen. verdreht dir den kopf
fresken aus einer vorzeit. der tau des neugeborenen
lädt zur andacht ein. im schweigen des lichts
hinter dem aufzuckenden joch. der gipfel

jeder spalt ein urquell. dem berg entkommen
im zwerggehölz wächst dem schicksal ein bart
die einstichstellen der haken und ösen liegen offen
jetzt ist es zeit für den einstieg

jeder klimmzug bringt dich dem absturz näher
das gipfelkreuz fuchtelt mit den armen

einsame begegnung

wir treffen ihn auf einem waldweg
kein gewehr. eine tasche im schlepptau
den frühtau im gras und an der sohle
das erdige geheimnis in der hundenase

unterirdisch im herbstlichen wams
der nebel lichtet sich beim graben
ich sage dir mein geheimnis: gastionica tartuf
und hier das omelett mit weißen scheiben

negris versuchung

dein kurzer dialog mit einem flaschenhals
voll gelbem öl. der grünscharfbittere gesang
eine salbung im schlund. die weihe von
geflügelten früchten in deinem schluckmuskel

das kondensat am weinglas. ich verweigere
den abgang. meine speiseröhre schnarrt
das letzte brot beißt mir in den hals
treibt mir den magen um und die augen zu

einer der seine leidenschaft lebt
sagte großmutter zu mir. der
braucht kein amen. die unsichtbaren

sitzen mit am tisch. mit kaltgepressten augen
hängen sie an ihrem olivenprediger. ölen ihre lippen
draußen zappelt das pflaster und schluckt leer

veli jože

doch später einmal wird man ihn verstehen
die menschen zittern wenn er hoch oben über
der schlängelnden mirna sein licht ausbreitet
der kirchturm geschüttelt von riesenhänden

am wehrturm gerechtigkeit für das volk einfordert
bis vandalen ihn foltern. quälen. über der zipline
eisenringe in die schlucht bei pazin einschlagen
ewig ihn zum zuschauen der seiltänzer verdonnern

den streit der flüsse hat er beigelegt
und schürfrechte von trüffeln verlost
ihn umarmen filmleute. festspiele verstümmeln ihn

bei den steineichen haben seine hunde das letzte wort
touristen feiern in den engen gässchen ihre launen
wissen nichts vom guten riesen im trüffelöl

die sünde entblößt sich im putz

canale mortale

gondoliere stochern trocken am ufer
in ihren gefesselten booten. die fische
vom bettelorden kommen zurück und
schwäne sind die neuen touristen

allein mit youtube auch der delphin
ein phantom aus sardinen geschnitten
häuser spiegeln sich in ihrer verlassenheit
ein hund pisst auf den markusplatz

die tauben fliehen ins schilf nach süden
latte macchiato ausgestorben. espresso
kann nicht mehr um die häuser ziehen

die shorts kannst du zuhause lassen
sieht eh keiner mehr. bella ragazza
bald schwimmst du im canale grande

traghetto

in der lagune soll es sprechende seezungen geben
mit breitem kreuz und flachem kiel. im bauch
stelzen. ausgeleerte mützen mit sonnenbrand
neben den torsi. rialto sehen und selfies schießen

kein tropfen hält es hier aus. winzige gischtschrunden
panta rhei. übersetzen nach san polo ins spaghettigewusel
schweißfahnen atmen. klammern sich an die wassersonne

wellenschnäppchen. der aquabus knirscht sein gummi
gegen steineichentrümmer. palisaden. eine horde käfer
für die gassenjagd. die lagune in kurzen hosenbeinen

der seezungenrumpf reibt sich an den vaporettowellen. zwei
aus einer anderen epoche schleichen auf morsche ufer zu
ihre langen riemen. forcola. geliebte stocherer im chaos
für einsfünfzig und zurück den canale grande quirlen

forcola

in palästen regiert geschichte. mit der riemenstange
stocherst du im algenschatten. der remo streichelt
den nussbaum. du stehst zeitlos auf der poppa
schwarzer hochglanz. asymmetrie. die gelassenheit

des sommers wächst aus deinen beinen. kanäle
sind träge. es hagelt touristen aus vaporetti
mit vorfreude gesegnet. die passerelle. canzone
canale. gondola. scampi. eine künstliche steigerung

die lagune fixiert sich mit gummistiefeln. venedig ist
eine maske mit einer ewigen unterwasserwäsche
san marco breitet am vormittag sein museum aus

die brenta spült nach. immer ist karneval. das schmatzen
an pfählen hält die fundamente zusammen. reliquiensuche
die dogen hüten ihr geheimnis unter dem corno dogale

ferro da prua

gefecht der geister. grinsende köpfe. sechs inseln
in eisen geschmiedet. gallionsfigur mit fischermütze
unter den bögen dein vergnügen entlarvt. nackte kanäle
spülen die hungrigen bäuche der palazzi. il bacino

hier ist dein küsschen am schönsten. stau im rio
die sünde entblößt sich im putz. renaissance
wann hast du mich verlassen. gestern vorgestern
im einkaufswagen voller touristen galoppieren gondeln

el felze

kanäle schon halb im schlaf. ein verschwiegener vorhang
inquisition. der schwerpunkt ist abhanden gekommen
wasserstraßen gefesselt mit schwimmenden sänften
es ist dunkel in der lagune ohne den campanile. mond

wo er hineingeht in die gondel geht er wieder hinaus
das ziel bleibt unbestimmt. ein hauch von nebel
umweht die geheime botschaft des aufbaus. betrug
an einem glück zu zweit. eine intrige der kaufleute

im hölzernen wappen sitzt der spuk der zeiten. dogen
im schlangenfluss. der alte zauber. tempi passati. ritter
des goldenen sporns. umzug der eitelkeiten. signoria

reggicalze der serenissima. hält alles zusammen. die liebe
und das verbrechen unter einem baldachin besungen
beschworen. bewacht von pfählen der istrischen steineichen

campanile

montag. die glocken bereiten sich auf den zehnuhrschlag vor
diese glockenhalterung. padernostro. als ob der turm die stadt
zerreißt. wir sehen bilder des schutthaufens. der goldene engel
am boden. vor dem portal. goethe und galilei fliegen nicht
mehr über die stadt. ihre fernrohre. ein haufen schrott

als ob der blaue himmel sich aus dem staub macht. eine wolke
in deinem kopf. ich höre man habe den anker aus seinem
inneren enfernt. die wirbelsäule pulverisiert. ein häuflein
elend am 24. juli 1902. porca miseria. das gespenst des aufzugs
auf unbestimmte zeit vertrieben. l'apocalisse. kein wasser zu
sehen. die verdreckte lampada auf san marco

pica pica

jemand schreit. du hexentier die sonne holt dich ein
versteck ihn nur den ring. den glücklichen. schatz
den du im schnabel trägst aus dem sportschuh
der madonna. daneben ihr roter string. caso fortunato

ein schattenwurf über dem rio dei miracoli an der haustür
la riva. dein libretto für den eleganten damenfuß. seufzer
all der betrogenen. bestohlenen. unter den brücken
herumgestochere des gondoliere am heck der schwarz-

gelackten gondola. der campanile zu hoch für dich
eine lüge. diese verdorbenen rallen mit ihren töchtern
fliegen wieder schwarm. heilige schmarotzerhennen

huuuh! ein dieb. sie drängen dich vom blaugemalten himmel
und vergiften san marco mit ihren falschen namen
il cardinale lässt sich von touristen füttern. aqua alta

ombra

endlich ist alles anders. versprengte fremdenführer
touristen untergetaucht. der längste tresen schiebt
die sonne weg. chichetti in der oberhand. thunfisch
oliven. auberginen. artischocken. soppressa. bussolai
lecken sich die finger. das schmatzen der polenta

omnipotent die ruhe auf den plätzen. ein schnapsglas
fragolina und ein espresso flüstern koseworte
im mund schlendern erinnerungen durch palazzi
hitze. schatten in der osteria in einem der gässchen
die sich die hand geben. ihre füße baden in kanälen

veneziano la storia amorosa. als das licht ausgeht
herbstzeitlose. sperrzone für besucher in kurzen hosen
und diebe. die hochprozentigen an der spiegelwand
sterben aus. ombra del vino und du. meine liebsten
begleiter auf stelzen. endlich streifen wir unsere masken ab

piombi

schlimmer noch als jegliches affetto im libretto
waren jene wochen in dieser cuzzia dicht unter
dem berühmten dach. hoch über der piazza
ich ein casanova wie mich meine nachwelt malte

wegen einer geschichte mit dieser dogaressa
saß ich nicht ein. gotteslästerung. das war gemein
aber so war ich nicht. sie lag mir zu füßen
ich wohnte ihr bei. gefangen und bewegunglos

und ständig hunger in diesem blei deserto
mit einem mönch. hinaus aufs bleidach
die flucht und wieder hinein in die fuga. eine list

in nebelschwaden. sie dachten ich sei incluso. ein
edler. vergessener einer sitzung. mit einer penna
und mehr als einem grappino. zu viel für eine cuzzia

biscotto

eine verschwörung. diese stunde
süße wahrheit die niemand kennt
schaumig im biss. schal im nachgeschmack
stucco veneziano ertränkt von der hitze

weichgekocht von einer schattenlosen zeit
kein erbarmen. fakten drehen sich täglich
nachbarn wie schweigsame mönche. kein
biglietto. immerhin bleiben die taschendiebe aus

mein gedächtnis ins licht verklärt
wie war das noch vor einer woche
ich glaubte an jesus und madonna

die heile welt kann mir gestohlen bleiben
es fliegen keine fremden mehr. bravissimo
leuchtkäfer im verwaisten palazzo

isetta

die liebeskugel dreht um alle achsen
vorhänge dulden ein verstecken
das alles von uns will. kein schaltstock
kneift. das lenkrad eine stütze. halt
das rutschen nimmt kein ende
die tonne des diogenes enthaltsamkeit
im nebel beschlagene gläser eine reife
die sich mitteilt. dann weiterfährt

nuova 500 dolcevita

rendezvous in römischen gefilden
eine reprise im pärchengeviert
hier hat das gewackle niemals ein ende

liebe unter nacktem cabriohimmel
geschmuse auf verdünnten liegesitzen
saugreflexe. raumklang mit gezirpe

spurhalter mitten im gefummel
dem minirock bleibt wenig spiel
morgen wollen die jungs eine flavia

panettone

du hast es geschafft. dein gesicht
in stein gemeißelt. alabaster
reinweiß wie bei deiner geburt
die brache wo deine jugend verblüht
ein trümmerfeld. die tarnfarbe abgeblättert
im fadenkreuz dornen voll bitterer gewürze
du liebtest diesen kuchen mit bunter
sukkade voll mit scheinheiligkeit
dein gebäck. du bist weit und ewig satt

gnudi

als mario der koch den dreitagebart
in die länge zieht wissen wir
er ist am köcheln. wie geht das noch
erst der spinat und dann ricotta und wohin
mit parmesan und ei. er will nichts wissen
von salbeibutter. das geht doch schief
die bällchen zerfallen ihm wie sternenstaub

er steckte drin in pasta mit tomatensoße
kannte nichts von vierundzwanzig ruhe-
stunden tief in der kalten nacht. dem wälzen
immer wieder wenden in polentagries
das orakel träumen und warten. warten
bis der tag ihm eine nackte gnudi
auf die caliculi gustatorii legt

nachforschungen zu livellanto granulare leggero

nichts verbindet mich mit diesem unscheinbaren sack
betongraues retortenmaterial. federleichte kiesel in einem beutel
die deutsche übersetzung mit einem breiten faserschreiber
durchgestrichen. damit die stiefelsprache nun ganz oben steht
als ob es mich nicht gäbe. einfach weggeputzt. mit übertünchter
operette. ich schau mich fragend um und sehe nichts als otterbein

mit sanftem papageienlächeln. gesten. der raggazzo fragt
wofür ich dies silicio denn brauche. dann könne er beraten
benötige ich haftputz. münchner rauputze. fliesenmörtel
oder gar was aus schamotte. er habe noch im angebot
bordüre marilyn. bellissimo. oder akrobatendübel. piratendübel
ich möchte nur mal wissen wie das zeugs heißt. zu was es taugt

also meisterdübel. damit könne ich den sacca per favore
mit meinem gipskarton verbinden bis ich wisse was du wolle
ich hätte gern sein sortiment mit einem kuhfuß ausgehebelt
seine grünweißrote ignoranza mit dieser schüttung zugekieselt
kennt er doch nicht einmal dies granulat auf hochdeutsch
für schiefe dielenböden. unbrennbar und ungezieferdicht

preiswerte verse

in den ruinen tanzen schlüpfrige mücken
mit söldnern wie vor zweitausend jahren
dixi-klos brüllen blau hinter der mauer
aus dem mosaik stehlen sich die letzten rosen

der morsche torbogen hält es nicht aus
bröselt die nacht herbei. wetter leuchten
keine handbreit entfernt von den arkaden
balgen sich alle gestochenen im unkraut

kratzen ihre steinschleudern zusammen. sinnen
auf rache. diese niederlage kocht adern aus
geplündert die federn in den matratzen. nur
einigen thermen geht der atem nicht aus. obszön

hüpft der mond von einer kaskade zur nächsten. fällt
zusammen. das ist ein perfekter abend für touristen

titus livius

jetzt ist frieden. ich schwebe in der lagune. padua
bacchiglione. die stadt zündet ihren blauen abend an
flaggen glühen. es gibt kein entkommen. aus der algen
fütterung wird grüner lippenstift mit jodgeschmack. baci

alla francese. ich segle auf einer welle durch den prato
am ende weist mir eine meerjungfrau eine holzluke
und verschwindet. schimpft wie eine betrogene sposa
ich allein im canale di san gregorio mit schwimmflügeln

der kaiser und die geschichte warten auf kodizes
sind sich gewiss. ein langes leben und palimpseste
harren der ewigkeit. ich solle zum anfang zurückkehren

das kinderlachen einer studiosa. eine nadel im haar
bronziert. schießt einen liebespfeil ab. trifft den otter
es wird zeit für mich nach rom zu verschwinden

isole del dolore

allein am feiertag mit der pest. lazzaretto vecchio
hier wütet sie immer fort aus den geschichtsbüchern
bis in die erinnerung. nebel der vorfahren. ewige verdammnis
weggesperrt auf poveglia. ein verrückter professor

jeder weiß um seinen geist. alte und kranke einfach so
für die wissenschaft. der horror von stromstoßgeräten
zentrifugentests. insel der verzweifelung. ansteckungsgefahr
rosenkranz aus erdklumpen mit 99-jährigem nutzungsrecht

die schreie der kranken alten hören fische und vögel
langwellensender. ihre sprache. schwarze tinte auf gestellen
das ist patina. luogo tetro. sagt der fischer. spukende geister

bettengerippe und ratten. halbschlaf. gewehrlauf im anschlag
auf das fegefeuer. nur noch handwarm. etwas für aussätzige
ihr geschrei in stummfilmen. ein paar schüsse auf tontauben

schnüre aus palavern und liebesschwüren

markthalle chania

manches hängt ab. vom schlachter
schafschädel. wiederkäuer. am pfahl
an zäunen. labiles gleichgewicht
ein bleichgesaugtes kopfgerippe

ein kiefer als trophäe. wir wissen es nicht
unter der theke starren augen. kullern wie
schwarze dicke murmeln aus ihren höhlen

hinter angelaufenen scheiben. vergessen
ihr ewiges brüllen. abgewischt die rohen klingen
vieles hängt ab vom beschauer. touristen-

glotzer. vom knipser. von fleischerbörsen
ausbeinmessern. von souflaki gyros und kléftiko
von hühnerhälsen kopfunter. gerupften flügeln
alles hängt ab. vom rezept. wir wissen es

cave agios ioannis

hinter dem eingang das taubendreckkartell
der stern von bethlehem scheint am höhlenhimmel
ein einsiedlergeist haust mit seinen wildziegen
eingefangen gezähmt und zur zucht getrieben

eine geheimschule gegen eroberer seit jahrhunderten
die sprache der klausner aufständisch widerständig
die luft ist schwammig im süden wo europa ein ende hat
und eindringlinge in die ewige nacht treibt. krepiert im fels

der eremit persönlich grüßt mich den wanderer
unverdorben die frischen gedanken flattern
wie jungvögel auf einem kühnen piratenschiff

tanzen rückwärts zu einer katakombenstimme
altbärtige zaubersprüche fluten den hohlraum
als anagramm minoischer bräuche. golden der stern

chalidon (chania)

wenn du die straße auf der linken seite hinunter gehst. die augen halb geschlossen knapp neben der sommersprossigen bordsteinkante siehst du einen alten im schwarzen hemd. er döst auf einem hocker wartet bis sein freund im weißen hemd aus dem kafenion schlurft ein glas rakomelo in der hand. klappt er das tischchen auf das brett mit blauen und weißen fischen über den pyramiden. ein lächeln setzt die steine teilt all die trägen stunden für die andere seite. sie würfeln um touristen: zuerst fliegen die polen raus kurz darauf die dänen und finnen. da helfen auch ihre schicken smartphones nicht und ihre sonnenbrillen. mit den deutschen ist es schwerer da sind noch rechnungen offen. verjährte kanäle und frische schulnoten. holländer verziehen sich bereits weiter oben in die markthalle und kaufen ziegenkäse gegen den sonnenbrand vom letzten jahr. bis zum schluss bleiben die engländer. würfeln um den fünften elfmeter und franzosen verzehren einen letzten hummer. der lihnos von dourakis an weihnachten war eine offenbarung wie die küsse von elena. gegen abend cruisen einheimische motorroller fliegen freihändig zwischen niedrigen straßenschluchten direkt zu captain nick der auf einem glasbodenboot schlummert zwischen bretterrumpf und grobem tisch pollerskelett und gestohlener sitzbank. während der saison verbrauchen sich alle tage von selbst. sein schiff schaukelt ihm seinen traum zurecht randvoll mit schwedinnen. unter wasser greift er nach ihnen und hat flossen in der hand. jetzt kommt die rechte stunde für zwei spieler. nach einer letzten runde tavli stolzieren sie mit ihren schlafsäcken auf die venezianische mole krabbeln ins heu verschlafen ihre üppige rente wie jede nacht und du sitzt an der bar hast den letzten liebhaber ertränkt und findest diesen barkeeper so was von dishy

heiliger geist

nahe der haarnadelkurve leuchtet und zieht
der stern von bethlehem schon halb verdeckt von oben
unter das gebüsch. staub im eingang der kaverne
taubenverdreckt der kalkstein. in der behausung
ein altar in stein gehauen. in einer ecke die kapelle. ein heer
ikonen und heilige dreikönige. ein geist mit zügel-

losen ziegen haust hier. nimmt ein paar junge unter seine flügel
in eine streng geheime schule. die zum widerstand erzieht
gegen eroberer. welche seit jahrhunderten quer übers meer
ins land einfallen. ein einziges mal sogar von oben
an fallschirmen. schweben sie mitten in die brandung
brennen dörfer nieder. knipsen sie aus wie laternen

wir finden frieden im tal bei den oliven. oben in kavernen
heute erscheint der eremit persönlich auf dem hügel
die eltern und ihr taufkind. unverdorben. die erste atmung
in den priesterbart. mit katakombenstimme tanzt und zieht
er die eltern. paten. rückwärts um den taufstein. hilfe von oben
ein anagramm aus zaubersprüchen. ein brauch und eine mär

im tuch das blanke leben. so blau wie unter uns das meer
schaut zwischen zwei blondinen der täufling in der kaverne
im ersten tauchgang. sein geschrei und alle alten loben
kein engel weit und breit nur tauben flattern wie geflügel
die große schwester heult als ob sie büßen müsse. flieht
die erinnerung ins felsenbecken. diese tränenwandlung

ist schlimmer als ihr erster schrei. ihre landung
auf dieser insel nur ein gebet entfernt vom mittelmeer
als ihr der vater liebevoll die haare streichelt. sie an sich zieht
fällt alles von ihr ab. die angst vor priestern und zisternen
vor ärzten. die schülerangst vor beichten. nackten prügeln
vergeben als ihr bruder in die arme der mutter schwebt. droben

an kalksteindecken gurren tauben. rocken. toben
vor begeisterung ob dieser heiligen verhandlung
der priester trinkt den wein. hängt das orarion auf den bügel
rochiert in den nachmittag. die kapelle abgeschlossen. leer
die gäste. familien. dorfbewohner feiern in der taverne
der junge trinkt. die alten fressen und nur der geist zieht

rückwärts in die höhle droben sich zurück. entzieht
sich allem übel mit einem blick zu seinem lorbeer
die tägliche verwandlung. ziegen melken in der kaverne

schwarzer mann

das dorf liegt hinter mir. die alten männer
die kläffenden hunde am ende der landstraße
schatten von olivenbäumen. äste reichen sich die hand
er liegt im staub. vogelscheuche auf dem rücken. kein hilferuf
nur das zirpen von zikaden. die stimme dieser mittagshitze

welch ein hohn. ein elend im olivenhain. ein mensch der
nichts mehr sucht. ein wanderer ohne regung. eben mir noch
nachgelaufen. den berg hinauf. er schwitzte. schimpfte wie
ein unbequemer schatten. jetzt ist der mund. geschlossen
die augen. endlos der blick ins leere. kein röcheln

oder schnarchen. ein schlaganfall. sonnenstich. kein ort für
ihn und mich. da streckt er einen arm zum himmel schüttelt
seiner börse ein paar münzen aus dem bauch
ein gaukler. betrüger. er hat es auf mich abgesehen
mein schicksal und das meer sind weit. der zarte strand
alles im schock. helfe ihm auf. er schüttelt seine beine. zupft
seinen rock zurecht. öffnet die lippen. hebt die arme. legt mir
seine hände auf den kopf und segnet mich

marathokefala

heiliges licht. telegrafenmasten weisen den weg zum meer
schnüre aus palavern und liebesschwüren. sonntags
klebt das dorf hohlwangig an der mittagshitze
auf den kamm getürmt über dem olivenmeer
die tünche der häuser mit bougainvilleen verziert
das ganze inselmeer hisst bettlaken. zyklen von geschichten
der kirchturm steht abgebetet in weißblauer montur
sein glockengebimmel muss kapitulieren. baumzikaden
grölen gassenhauer. gewinnen die oberhand. ein korpulenter
knorren zittert in seiner mumienborke vor dem sonnenbrand
sonnenbrüter auf der liege lesen nichts vom süßen himmel
in smartphones. fallen in den limonadenpool. wissen nichts
von taufen in der höhlenkirche mit grillensägen. alle wollen
abends zu den nachtwachen und schwüren in den lauben

aspra negra

das größte in diesem nest ist der hellashimmel
jetzt musst du dich entscheiden. die olivenbäume
hinter der weggabel am hang entlang. vergangene zeiten
ihre einsamkeit vor der ernte. ohne den druck
eines finanzministers im sog der schwäbischen hausfrau

im tal ist alles neu und verlassen. nackt treibt
der wind den sonnenstaub in die hotelanlagen
an maulbeerbäumen kratzen ziegen den letzten cent
von den ästen. huldigen ihren schattenresten
die götter betteln schon lange um eine neue ernte

afrata

am dorfeingang ein zähnefletschen. lefzen
salziges sardonisches echo. die ketten halten
augen wie irrlichter im quellenden asphalt. pickups

mit ziegenfutter in wabernden kurven. die dürren
zweige. ausgemergelte sträucher für ein mageres fell
über einer badewanne voll meer. verschworen

der küste ergeben. unsere sohlen brennen
jetzt ist es nicht mehr weit bis zum kollaps
alles kuscht vor der sonne. drei schritte
eine stolpernde treppe hinauf. taverna

kali kardia. lampions schaukeln den nachmittag
in den schatten. zwei gläser. ein lächeln. ein teller
voll blauer trauben. und endlich der fast zahnlose
satz wie ein orakel. kléftiko nach art der diebe

auf gehts

den rucksack haben wir gepackt mitsamt sonnenschutz
wanderstecken für alle fälle und die schweren stiefel
vesperbeutel im sack. das fernglas um den hals
das land bleibt stumm und still. der weg trägt nur die luft
wir könnten uns verlaufen oder in den abgrund stürzen
den fuß verstauchen. unsre haut verbrennen
der regen könnte uns auflösen und der sturm
in alle himmelsrichtungen verwehen
allinclusive. der berggeist schenkt nur nebel aus
die mutigen stoßen stöcke ins ungewisse

diese wanderung gibt es nicht
niemand hat sie sich ausgedacht
keiner sie jemals angetreten
auf wanderkarten findet man sie nicht
und kein gps kennt ihre daten
ihr weg hat keinen anfang und kein ende
keine wegzeichen und nicht ein steinmännchen
sie verschwindet in keinem wald und endet nicht am abgrund
hat kein ziel. kommt jedes mal zu spät. höhenlinien
alles ist ein singulärer punkt

jeder hat seine eigene zielscheibe

ammerland

gehetztes wild. wolkenland. zeit für krempen. friesennerz
tagelang vagabundieren sturzbäche. alle düker fluten
dachrinnen pfeifen auf die schuld. ein pool zieht wasser
der schwarze regen presst land unter in den norden

am sechsten januar kommt er über uns. eiskalt. seine attacke
ein königsmord. klimagipfel. der himmel spielt die schneekarte
vertuscht wasserlöcher. caspar und die anderen paten
auf schneeschuhen. ihr schlitten voll gezuckerter gaben

im graben. der hofhund als nebelhorn unterm arabeskenmond
rehe bei eichendorff. sicher vor uns autojägern. melchiors
batterien halten den atem an auf allen parkplätzen. erfrorene

schaufeln klirren im eis. räumdienste im geschirr gefangen
ausgetrickste wetterkarten. die hexenbesen fegen durchs haus
gespenster in allen öfen. bruegel legt die winterlandschaft bloß

gezeiten

auch in diesem jahr trägt das stumpflebige eis nicht
voller salzschorf die ränder meiner schuhspitzen
ein kind hat sich den finger am schlittschuh abgeschnitten
ich lasse ihn. meinen alptraum. das blut unter den kufen

im ebbemodder sitzen stockenten. es schüttelt mir die federn
die eisbärte am flügel der mühle haben nichts angesetzt
regennebel wäscht flache wellen gegen die barre
verlogen der wetterbericht. die ersten christbaumnadeln

stürzen sich zu boden. kerzen glimmen weiter. die selbst-
verbrennung beginnt. das harz verliert all sein aroma
abgestorbene birkenstümpfe haben die zeit gespeichert

ein schwarm kraniche stickt eine bordüre in den himmel
alles hat eine seele. wasser küsst mich. kehrt vom meer zurück
findet keinen schlagbaum. pompös jagen wolken gen osten

am eisfehn

wir stapfen den moorkolben entgegen
auf der pirsch mit dem torfbauer
vorbei an erlen. ihren misteln. taub-
stummen krähen

eisstaub bläst uns ein paar halme frei
blank geputzt zum ufer hin der kamm
bis zu den knöcheln in die wechte
überall klumpen. der wassermann

seid froh der sturm bleibt aus
unser kind kehrt zurück
schneefräulein und frostwind
sind wieder geschwister

beim ufer drüben am altarm
eine pfütze. stockenten. schwärme
hört ihr dieses knacken
die tide kann nichts festhalten

die schwarzbirken seht ihr
sind nur noch haut und knochen
sie halten still im sterben
wir haben sie dem moor zurückgegeben

kleine moorführung

das ist der damm. sagt er. der alles trägt. die gäule und
die karren. das unterholz. die heide knochentrocken
sein platter gang. ein malachit klebt ihm an seinem stecken
das reden fällt ihm schwer so früh im jahr. die erste wanderung

er gehe nie mehr ins gefängnis. schon gar nicht
wegen unsrer glut im wollgras. kippen. in seinem moor
vom weg abkommen. zweitausend jahre zählt die mumie
ein fingerabdruck fault. das dunkle kleid des torfs

vom graben zittern ihm die hände. das torfpfand
freigelegt mit einem spaten. für seinen kachelofen
erspart ihm einen winter frieren. der moorbrand wärmt

komm mädchen. drück mal diese faust voll moos
und ihre kleinen finger pressen so viel wasser
wie millimeter seiner vielen jahre aus. sagt er

auf dem damm

der alte geht mit dir den torfkanal entlang
an eiben. erlen. pappeln und sorgen vorbei
achtet nicht auf den nordwind und seine schnöden
lieder. schnee zementweise. langsam verdunstet
dein ballast. die arktis zuckt milde mit einer kaltfront
im osten. zwei winter schon und alle felder glänzen
der alte lässt dich ins ungewisse tappen. es ist wie früher
jeder hat seine eigene zielscheibe. scheinheilig suhlt sich
ein kolbenfresser im modder als wäre es frühling
der alte brüllt zu dir auf platt. weg von den pfützen im watt
dir stockt der atem. dat heff an de klunten lacht er. landratte
im dezember in die nesseln gepaast. du wischst den salzwind
von der stirn. die kalte luft zieht dir keine warmen stiefel an
der alte drängt als dir das licht ausgeht zu einem steifen grog

bis zu den eichen

beim fluten des kanals bis zu den eichen
am morgen reicht das meer dem haus die hand
liegt unter jedem baum ein totes tier

die felder lecken nach dem blanken hans
dein letztes schwein ersäuft im matsch
beim fluten des kanals bis zu den eichen

mit seinem hund tanzt auf dem dach der nachbar
die schönste aussicht schwimmt davon
liegt unter jedem baum ein totes tier

die bank hofft noch im sinken auf ein boot
drei tage schon asyl für kinder in der schule
beim fluten des kanals bis zu den eichen

wir haben einen feind. das wasser
sagt deine frau. ich ziehe in die stadt
liegt unter jedem baum ein totes tier

der wasserschutz spielt seinen letzten trumpf
ein helikopter soll es richten
beim fluten des kanals bis den zu eichen
liegt unter jedem baum ein totes tier

moorfrösche

an milden maiabenden hören wir die männchen
mit ihren leisen glucksern. ein blubbern wie
aus einer offnen halb ertrunknen flaschenpost
ein laichchor aus nichts als blubbgedichten

sie tun uns damit kund. gleich ist es soweit
sie färben sich blau. so lang bis sie das herz
der braun marmorierten bräute gewinnen

halten fest mit starken armen was festzuhalten ist
ein ganzer ballen laich blau koloriert
in ihrer dämmerung. vergessen die libellen
die spöttisch sirren über diesem männerchor

im aper tief

nichts hält sie ab. elf. sie sind einfach da
sicher. sie könnten es sich leichter machen
ihre fischmahlzeit im klub einnehmen
sich über die kunst des kochs auslassen

ihm den hecht ankreiden. die trockenen
klöße. stattdessen rammen sie elf ruten
in den moorboden. verzieren die haken
mit bienenmaden. mehlwürmern. nudeln

bunkern bierflaschen in kühltaschen
dosen voller köder. ihre geschichten
pludern. zander wuchern zu furien
aale schlüpfen aus einem pferdekopf

an der böschung paradieren elf kombis
die heckklappen nach oben. fischmäuler
auch hier. wathosen. kein ersatz. tarntrikots
unter dem latz. und immerzu dieses zerren

am faden. regenwürmer schwimmen nicht
der aus dem mittelfeld füttert mit paniermehl an
sein blinker spannt und ruckt. ein ziehen am
leben. salzige augen im licht. dann die worte

der links außen. beginnt zu schlenkern
letztes jahr als der pizarro dieses tor schoss
mit der hacke. das war ein fang. baumelt der ball
im netz zehn sekunden lang. befreit ihn der schiri

es ist noch nicht vorbei

dieser ausflug braucht keinen drillbohrer
im herzen wohnt der stille see. das moor
hinter dem haus erdrückt von einer milchstraße
im schlepptau ein verrückter maulwurf
der weidezaun eingewickelt mit mullbinden
raureif auf der matte bei vollem bewusstsein

im fixierbad leuchten deine lachenden augen
botschaften in die marsch. eingeheiratete pappeln
zwischen kühen und störchen. in unseren
ohren pfeift eine brise. die vergangenheit
besteht aus einem komma ohne sprache
es ist die erinnerung die uns wachhält

slurpad

weil sich hier nur wenige an schnee erinnern
zuviel moor geschluckt. unser haus den brand
die frau im nachbarhaus schluchzt
schwarze wasser mit toten birken werden weiß
wie asche. verzuckert. nichts geschieht mehr
fünfzehn grad minus. das fernsehen rückt an
mit weißen hauben über den objektiven
die akkus wie angeritzt bleiben stumm
keiner wird sich je erinnern

kreter sucht friesin

als erstes merkst du es am tee. griechischer bergtee
zwischen all den kanälen. fehn und hinter deichen
deine soutane. trotz spülmaschine und küchentüchern
aus papier. duftet sie nach tee mit gräten. sagst du

ich habe die fische ins haus geholt. das erdgeschoss
ist überschwemmt. sie überwintern im gefrierfach
schwimmen auf tellern. in der auflaufform und
jetzt in deinem tee. in meinen teebeuteln nicht

die schmecken heute morgen so wie gestern. vorgestern
zur morgenandacht gibt es heilbutt aus einem milden
fegefeuer. matjes gesalbt seit tagen in einer schieren lake
und zum mittagessen diese treulose flunder buttergedünstet

ich nehme es mit allen sternen auf. jedem smutje
fischfeuerwerk. mein rotbarsch mit panade aus hühnerbrei
und greyezer. vom abendmahl lass uns besser nicht
reden. du sagst. langsam ticken deine uhren schon mit

schuppen. die zeit riecht tranig. ein heimliches geschenk
räucheraal für dich. er hat keine gräten. ich kann ihn weder mit
noch ohne schwarzbrot essen. das arom vom rauchfang. du
weißt das. leckst dir die fingerbeeren. schmatzt das fett aus

deinen rillen bis sie nichts mehr geben. tauchst sie endlich in
zitronensaft. fatburner sagst du. seefisch isst du nur mir
zuliebe. von anfang an war er dir über. zwanzig jahre. seine
gräten widerlich. du schlägst ein kreuz. du und dein aal

dein bergtee sideritis scardica den ich alle tage würge
schluss mit dem gliedkraut. ich werde mit dir salsicce
braten. einen dreisprung wagen. spazieren hand in hand
in olivenhainen feigen lutschen bis den aalen schwindelt

in der allee

die nacht nimmt die parade ab
nackt heulen wipfel mit sirenen
am labyrinth von schwarzen deichen

die eichen knurren wie ein rudel wölfe
der jugendtreff rast heim ins dorf
die nacht nimmt die parade ab

ein lichterkegel streift das kreuzungsschild
huscht weiter vorne in die einfahrt
am labyrinth von schwarzen deichen

das hoftor quietscht in seinen angeln
ein alptraum klappert aus den läden
die nacht nimmt die parade ab

um sechs der tief gelegte milchlastwagen
das erste fahrrad schief im wind
am labyrinth von schwarzen deichen

die hecken lauern dünn im büchsenlicht
der bauernhof wird langsam aufgeblasen
am labyrinth von schwarzen deichen
die nacht nahm die parade ab

Anmerkungen (nach der Reihenfolge der Gedichte)

finistère: Ende der Welt
la falaise: Kliffküste
ys: ein Mythos über eine versunkene Stadt in der Bretagne
dahut: Prinzessin von Ys
gradlon: König von Ys
papillon: Schmetterling
plage de la source: Quellstrand
pen hir: langes Ende (bretonisch)
pen glas: der grüne Kopf
ar froc'h: die Gabel
bern id: die Galle
les tas de pois: Erbsenhaufen
la route hant karr. la passe aux moutons: Schafspfad
pêche à pied: Fischen zu Fuß
le sentier: der Rundweg
le terrible: franz. Atom-U-Boot 2008 vom Stapel gelassen
déminage: Minenräumung
maquis: französischer Widerstand im Zweiten Weltkrieg
le cimetière de bateaux: Schiffsfriedhof in Camaret
scarole: Endivie
gwenn-ha-du: bretonische Flagge (schwarz weiß)
parenzana: stillgelegte Eisenbahn zwischen Triest und Poreč
veli jože: der Riese von Motovun
traghetto: preiswerte Alternative zur Gondelfahrt über den
Canale Grande
panta rhei: alles fließt
forcola: Rudergabel
remo: Riemen (Ruder)
poppa: Heckschnabel
passarelle: Brücke: Steg bei aqua alta (Hochwassser)

corno dogale: Dogenkappe

ferro da prua: Bugeisen: Symbol von Gondeln

felze: Kabine auf einer gondola

signoria: kleiner Rat in der Republik Venedig

la serenissima: Name für die Republik Venedig

reggicalze: Hüftgürtel

padernostro: unser Vater

porca miseria: verdammt

pica pica: Elster

aqua alta: Hochwasser

ombra: Schatten

soppressa: venezianische Wurst

bussolai: süße Kringel

piombi: Bleikammer

affetto: Liebe

cuzzia: Hundehütte

deserto: Wüste

dogaressa: Dogengattin

fuga: Fluchten

penna: Feder

caliculi gustatorii: Geschmacksknospen

livellanto granulare leggero: Ausgleichsschüttung für Bodenbelag

bacchiglione: Fluss in Venetien

isole del dolore: Insel des Schmerzes

lazzaretto vecchio: Pflegeheim

luogo tetro: düsterer Ort

kali kardia: gutes Herz

kléftiko: Lamm aus dem Ofen

Inhaltsverzeichnis

draußen zappelt das pflaster

die sünde entblößt sich im putz

schnüre aus palavern und liebesschwüren

Über dieses Buch

Der vierte Lyrik-Band von Wolfgang Haenle ist eine lyrische Reise durch Sehnsuchtsorte mit Momentaufnahmen von Landschaften, Städten, ihren Personen und deren Geschichten, eine Odyssee von Wetter und Klima. Sprachbilder setzen die Natur neu zusammen und stimulieren unsere Fantasie. Eine reichhaltige Lyrik, mitreißend und lebendig.

Wolfgang Haenle

auf der Durchreise 1945 in Altötting evangelisch geboren, aufgewachsen in Göppingen, 1965 Abitur, Studium des Maschinenwesens und der technischen Fotografie an der Uni Stuttgart, wiss. Mitarbeiter an der Uni Stuttgart, seither im Umland von Stuttgart wohnhaft; Fotograf, zahlreiche Fotoausstellungen; seit 2007 freier Schriftsteller; Veröffentlichungen in Anthologien; Stipendium des Förderkreises deutscher Schriftsteller:innen in BW; Mitarbeit im Bundesverband junger Autoren und Autorinnen und beim „Steinzeit Projekt" des SWR; Bücher zuletzt: „von der Unschärfe der Wälder", Gedichte und Fotos, Jutta v. Ochsenstein und Wolfgang Haenle, Norderstedt, 2022; „b.antwortet", Gedichte, Stuttgart, 2015; „eine hand voll du", Gedichte, Stuttgart, 2011.